Inhalt

Qualitätssicherung und Rückverfolgbarkeit mit RFID - Das "Internet der Dinge" fasst Fuß in der Produktion

Kernthesen

Beitrag

Fallbeispiele

Weiterführende Literatur

Impressum

GENIOS WirtschaftsWissen Nr. 11/2007 vom 05.11.2007

Qualitätssicherung und Rückverfolgbarkeit mit RFID - Das "Internet der Dinge" fasst Fuß in der Produktion

I.Zeilhofer-Ficker

Kernthesen

- Vor allem im Automobilbau wird die Radiofrequenzidentifizierung (RFID) schon häufig zur Qualitätssicherung und Rückverfolgbarkeit eingesetzt.
- Die dadurch zu erreichende Transparenz von Identifizierungs-, Lokalisierungs- und Verarbeitungsdaten sowie die automatische Datensammlung machen die RFID-

Technologie auch für andere Branchen interessant.
- Das Projekt LAENDmarKS hat ein Rahmenkonzept für Tracability-Vorhaben entwickelt, dass hauptsächlich auf die Nutzung von RFID aufbaut.

Beitrag

Qualitätsmängel sind für jede Firma ein Problem. Sind diese Mängel allerdings so groß, dass Waren zurückgerufen werden müssen, so ist ein beträchtlicher Imageschaden kaum auszuschließen. Die RFID-Technologie hilft, Qualitätsprobleme zu vermeiden und Rückrufaktionen einfacher abzuwickeln.

Qualitätssicherung und Rückverfolgbarkeit ist oft ein Muss

Gammelfleischskandale und Rückrufaktionen von Autos haben eines gemeinsam: Das Image der betroffenen Firmen bei Kunden und Interessenten sinkt beträchtlich. Oft dauert es Jahre, bis das

Vertrauen der Verbraucher wieder hergestellt werden kann. Schon so manche Firma hat sich von Qualitätsproblemen nicht mehr erholen können und landete im Konkurs.

In allen sicherheits- und gesundheitsrelevanten Branchen gibt es zum Schutz der Verbraucher stringente Vorschriften über Produktions-, Lager- und Transportprozesse sowie deren Dokumentation. Unter dem Stichwort Rückverfolgbarkeit oder Neudeutsch Traceability sind die Unternehmer gefordert, die genaue Herkunft der verwendeten Rohstoffe oder Zulieferteile, die Produktionsschritte und Prozessparameter, die Lager- und Transportabläufe bis zum Kunden lückenlos zu erfassen und vorzuhalten. Eine Identifizierung von mangelhaften Teilen oder Produktionschargen sowie deren Verbleib muss jederzeit möglich sein. Für den Notfall muss ein Rückholprozess dokumentiert sein und schnell umgesetzt werden können. (1)

Die Lebensmittel- und Pharmabranche sind hier in besonderem Maße gefordert, aber auch Fahrzeughersteller, Flugzeugbauer und Produzenten von Elektrogeräten müssen für Qualitätsprobleme gerüstet sein.

Was kann RFID

In den meisten Firmen werden die für die Rückverfolgbarkeit notwendigen Daten manuell zusammengetragen und entweder in Papierform abgeheftet oder händisch in ein IT-System eingepflegt. Zur Identifizierung werden meist Strichcode-Etiketten verwendet, die immer wieder eingescannt werden müssen. Dies dauert zwar an sich nur wenige Sekunden, summiert sich aber bei einer Vielzahl an Produkten und Arbeitsschritten schnell zu Hunderten von Arbeitsstunden. (1), (2)

RFID (Radio Frequency Identifikation, Funkfrequenzidentifikation) wird die Technologie genannt, die mittels eines Speicherchips mit Antenne (=Transponder) berührungslos und ohne Sichtkontakt Daten an ein Lese-Schreibgerät übermitteln und empfangen kann. Diese Transponder werden an ein Produkt angebracht und mit allen relevanten Produkt- und Auftragsdaten beschrieben. Beim Passieren von einzelnen Stationen im Produktions- oder Logistikprozess werden die jeweiligen Daten automatisch ausgelesen und ergänzt. Somit kann lückenlos sichergestellt werden, dass der gesamte Produktionsdurchlauf eines Teils in Echtzeit dokumentiert ist. Außerdem ist der Standort des Produkts jederzeit einfach feststellbar. Da der

Lese- und Schreibvorgang automatisch und berührungslos mithilfe der Funkübertragung geschieht, werden viele manuelle Arbeitsschritte eingespart. Der gesamte Produktdurchlauf ist jederzeit transparent. (2), (3), (13)

Sind auch Verarbeitungsschritte und Zulieferteile mit Transpondern versehen, so kann im Abgleich mit den Auftragsdaten sichergestellt werden, dass nur das passende Teil eingebaut bzw. der richtige Arbeitsschritt durchgeführt wird. Verwechslungen oder falsche Bearbeitung kann so zum allergrößten Teil ausgeschlossen werden. (4), (5), (13)

Zudem gibt es mittlerweile RFID-Chips, die auch in extremen Umgebungssituationen noch fehlerfrei funktionieren. Temperaturen bis über 600 Grad Celsius, Schlamm, Nässe und Erschütterungen können diesen Transpondern nichts anhaben. (6), (7)

Stand der Dinge

RFID wird von vielen als Schlüsseltechnologie der Zukunft angesehen. Vom Internet der Dinge, wie RFID gerne bezeichnet wird, erwartet man, dass viele Abläufe künftig wesentlich vereinfacht werden können. Neben den Logistik- und

Produktionsprozessen wird auch das Handling im Supermarkt bald schneller und problemloser vonstatten gehen. Größtes Hemmnis für den Einsatz der RFID-Technologie sind die immer noch hohen Preise für die RFID-Chips sowie (noch) fehlende Standards und der Mangel an freien Funkfrequenzen. (8), (14)

Durch die steigende Nachfrage werden einfache Transponder schon bald für unter einen Cent das Stück verfügbar sein, sodass der Einsatz auch bei billigeren Produkten - zum Beispiel im Lebensmittelsektor - interessant werden dürfte. (8)

In Verbindung mit Sensoren und der Speicherung der darüber ermittelten Daten auf dem RFID-Chip ergeben sich zusätzliche Vorteile. So können beispielsweise die während des Produktionsprozesses herrschende Temperatur oder Feuchtigkeit registriert und gespeichert werden. Oder es kann sichergestellt werden, dass eine Unterbrechung der Kühlkette zu einer Warnnachricht beim Hersteller oder Empfänger führt. Die Ursache von Qualitätsmängeln kann somit schneller und eindeutiger festgestellt werden. (9), (10)

Fallbeispiele

Das Siemens-Gerätewerk Amberg hat seine Produktionsanlage für Niederspannungs-Schaltgeräte schon vor Jahren auf eine Steuerung per Funk umgestellt. Jedes Schütz wird auf einem Kunststoffträger durch die Produktionsanlage geführt. Der Kunststoffträger ist mit einem RFID-Transponder versehen, der alle Informationen der zu montierenden Komponenten enthält. Vor und nach jedem Produktionsschritt werden die RFID-Daten ausgelesen bzw. mit den Montage-Details ergänzt. Dadurch wird bei jedem individuellen Fertigungsschritt automatisch überprüft, ob die richtigen Bauteile verwendet wurden. Die Gesamtinvestition von 155 000 Euro hatte sich schon nach zwei Jahren amortisiert. (3)

Die Firma Dürr Lackieranlagen versieht die zu lackierenden Bauteile mit RFID-Transponder. Durch Auslesen der RFID-Informationen wird sichergestellt, dass die gewünschte Farbe verwendet wird. Auch die Fordwerke in Genk/Belgien nutzen RFID für die Lackierung ihrer Karosserien. (4), (6)

Bei BMW in München wird die Montage der 3er-Baureihe über RFID gesteuert. Schon beim Zulieferer werden beispielsweise die kundenspezifisch zusammengestellten Kabelbäume in Säcke verpackt, die einen RFID-Speicher mit den Auftragsdaten enthalten. Durch Auslesen dieser Auftragsdaten vor der Montage in das entsprechende Fahrzeug wird validiert, dass der richtige Kabelbaum eingebaut wird. (4)

Bis ein San-Daniele-Schinken seinen typischen Geschmack erreicht, muss er in 13 Monaten viele Verarbeitungsschritte durchlaufen. Zur Qualitätssicherung wird jeder Schinken mit einem RFID-Tag versehen, auf dem alle Produktionsstufen dokumentiert werden. Die hohe, gleichbleibende Qualität der San Daniele Schinken wird so gesichert. (12)

Im Autoterminal in Bremen läuft ein Test mit RFID zur Identifizierung der einzelnen Importautos. Jedes Fahrzeug wird bei Ankunft mit einem Transponder versehen. Anhand der darauf gespeicherten Auftragsdaten wird dann Sonderzubehör wie DVD-Geräte, Handys oder Navigationssysteme eingebaut. Auch zum Auffinden der speziellen Autos auf den 120 000 Stellplätzen dient der RFID-Chip. (6)

Die Firma Sick AG, Reute ist auf die Lieferung von RFID-Lösungen spezialisiert. Je nach Anforderung können Sick-Systeme im Low Frequency (LF), High Frequency (HF) oder Ultrahigh Frequency (UHF)

Bereich arbeiten. Zur Unterstützung von neuen Projekten gibt es bei Sick ein Technology Center, in dem der kundenspezifische Einsatz von RFID unter realen Bedingungen simuliert werden kann. (14)

Weiterführende Literatur

(1) Durchgängige Rückverfolgbarkeit entlang der Supply-Chain Rahmenkonzept und Anforderungen aus Zeitschrift für wirtschaftlichen Fabrikbetrieb, Heft 6/2007, S. 367-370

(2) Geht die Rechnung auf? - Wirtschaftlichkeitsbetrachtung für den Einsatz von RFID in der Chemie- und Pharmaindustrie aus PROCESS Nr. 10 vom 11.10.2007 Seite 86

(3) - PRODUKTIONSSTEUERUNG RFID in der Industrie ermöglicht hohe Produktionsqualität durch Echtzeitdaten aus MM MaschinenMarkt Nr. 28 vom 09.07.2007 Seite 34

(4) - RFID Intelligente Transponder mausern sich zum Schlüssel der Qualitätssicherung aus MM MaschinenMarkt Nr. 40 vom 01.10.2007 Seite 22

(5) RFID´s in Chemie und Pharma aus CHEManager 14/2007

(6) Funketiketten RFID-Chips erobern die Fabrikhallen
aus HANDELSBLATT online 04.06.2007 05:00:00

(7) Wo andere versagen Ein nahezu unzerstörbares Ganzmetall-RFID-System ersetzt herkömmliche Produkte
aus MSR-Magazin, Heft 09/2007, S. 68

(8) Lossau, Norbert, Preisschilder mit Mikrochip, Welt am Sonntag, 01.07.2007, Nr. 26, S. 70
aus MSR-Magazin, Heft 09/2007, S. 68

(9) Flughäfen und Logistiker rüsten auf für Frischware
aus Handelsblatt Nr. 198 vom 15.10.07 Seite b09

(10) RFID ermöglicht die lückenlose Rückverfolgung und die Qualitätskontrolle von Lebensmitteln Wissen, was auf den Tisch kommt
aus dei - die ernährungsindustrie, Heft 10, 2007, S. 58

(11) Logistik 2.0
aus Frankfurter Allgemeine Zeitung, 21.06.2007, Nr. 141, S. 16

(12) Rückverfolgbarkeit, Marken- und Kundenschutz für San-Daniele-Schinken RFID für duftende Leckerbissen
aus FM Fracht + Materialfluß, Heft 10, 2007, S. 35

(13) Automobilhersteller optimieren die Produktion mit Hochfrequenzfunk

aus VDI NR. 41 VOM 12.10.2007 SEITE 25

(14) Höchstmögliche Prozesssicherheit mit RFID-Systemen
aus MM Maschinemarkt Logistik Nr. 07 vom 12.10.2007 Seite 40

Impressum

Qualitätssicherung und Rückverfolgbarkeit mit RFID - Das "Internet der Dinge" fasst Fuß in der Produktion

Bibliografische Information der deutschen Nationalbibliothek

Die Deutsche Nationalbibliothek verzeichnet diese Publikation in der deutschen Nationalbibliografie; detaillierte bibliografische Daten sind im Internet über http://dnb.d-nb.de abrufbar.

ISBN: 978-3-7379-1076-7

© 2015 GBI-Genios Deutsche Wirtschaftsdatenbank GmbH, Freischützstraße 96, 81927 München, www.genios.de

Alle Rechte vorbehalten. Dieses Werk ist einschließlich aller seiner Teile – z.B. Texte, Tabellen und Grafiken - urheberrechtlich geschützt. Jede Verwertung außerhalb der Grenzen des Urheberrechtsgesetzes bedarf der vorherigen Zustimmung des Verlags. Dies gilt insbesondere auch für auszugsweise Nachdrucke, fotomechanische Vervielfältigungen (Fotokopie/Mikroskopie), Übersetzungen, Auswertungen durch Datenbanken oder ähnliche Einrichtungen und die Einspeicherung und Verarbeitung in elektronischen Systemen.